美味しい、簡単
管理栄養士 伊是名カエの
okinawa soup
RecipeBook

一品で食卓の主役になるスープたち

良質な「食」は幸せの源

美味しい、簡単
管理栄養士 伊是名カエの

okinawa SOUP Recipe Book

contents

- 06 伊是名カエ 巻頭インタビュー
- 08 料理の基本
- 16 沖縄自慢の島やさい

- 20 **春のスープレシピ**
  - 22 ンスナバーのポタージュ
  - 24 玄米入り県産人参のスープ
  - 26 春キャベツと島ラッキョウのポタージュ
  - 28 フレッシュスイートコーンのポタージュ
  - 30 ふわっとアーサ汁
  - 32 パプリカのクリーム仕立て
  - 34 ムジ汁
  - 36 豆腐のあったか豆乳スープ

- 38 スープの隠れた便利食材
- 40 **夏のスープレシピ**
  - 42 オクラスープ
  - 44 冬瓜スープ
  - 46 中身の吸い物
  - 48 桃色冷製ポタージュ
  - 50 エキゾチックオキナワ
  - 52 スイカとキウイフルーツの冷製スープ
  - 54 花びらたけのアジアンスープ

- 56 こだわりの食材を求めて - **魚介類編** -
- 58 **秋のスープレシピ**
  - 60 チンヌクポタージュ
  - 62 島南瓜のポタージュ
  - 64 ごぼうのスープ
  - 66 きのこと生姜のぽかぽか豆乳スープ
  - 68 つるむらさきのクリームスープ
  - 70 栗と紅芋のスープ
  - 72 紅芋と島野菜の汁仕立て
  - 74 カンダバーのポタージュスープ
  - 76 魚汁

- 78 こだわりの食材を求めて - **野菜編** -

- 82 **冬のスープレシピ**
  - 84 冬の島野菜と牛すじの味噌仕立て
  - 86 ゆし豆腐とにんにく葉のホットスープ
  - 88 メカジキの粕汁
  - 90 島人参のカプチーノ仕立て
  - 92 島野菜ほっこりスープ
  - 94 イナムドゥチ
  - 96 白菜と帆立の豆乳スープ

- 98 調理道具の選び方
- 100 KAE project 紹介
- 102 生徒たちの声

interview
伊是名カエ

長寿県復活への願いを込めた野菜たっぷりのスープレシピ

ファン待望のレシピ本3冊目のコンセプトは、毎日の食卓でもお馴染みの「スープ」。いつもの食材で簡単に作れて、栄養もたっぷり摂れる！そんなとっておきのレシピを集めました。

一品で食卓の主役になるスープ

今回の本づくりは、私がこれまで行ってきた「長寿県復活」へ向けた活動や想いからスタートしました。これから沖縄を担う若い世代の方たちにも関心を持ってもらえるような、簡単でヘルシーで、おいしいもの。そんな目線でレシピを選んでいるうちに思い付いたのが、一品でも栄養をたっぷり摂れるスープでした。

スープなら食欲がない時もサラリと食べられますし、作り置きもできる。主菜と副菜を作って…っていうのが理想の食卓ではありますが、「料理って面倒」と感じてしまうこともあると思うんです。そんな時もスープなら一品で栄養を摂ることができるから便利なんですよ。調理も簡単なので気軽に作っ〔て〕頂けると嬉しいです。

長寿県復活へ向けた新たな挑戦

かつて沖縄は長寿県と言われていましたが、今はかなり危機的な状況ですよね。その一番の原因はやはり食生活、そしてライフスタイルや社会環境などが長寿県だった頃と大きく変わってしまったからだと思います。

健康の土台となる「食」にもっと関心を持って頂きたくて私はこれまで様々な活動をしてきましたが、なかなか良い方向に変わっていないというのが現状です。私一人で活動することやこれまでの手法に限界を感じたので、食に関連する様々な分野でリーダーシップをとれる人材を養成する「がんじゅう隊」を結成したんです。

「がんじゅう隊」では農業体験など沖縄の食の現場を実際に見て、触れて、理解を深めるという活動を一年間行いました。それに加えてスペシャル養成として10名の生徒を指導しているんですが、今後はこのメンバーと私でどう動いていくかが考えどころですね。

また、この春が私の拠点が首里から読谷に移りました。そこでは畑作業をやったり研修を行ったり、生産者と消費者をつなげることをより意識した活動をする予定です。

良質な「食」は幸せの源

自分にとっての幸せって何だろうというのを考えた時、実は「食」って外せないんですよね。遊ぶことを選んだ人も、スポーツを選んだ人も、仕事を選んだ人も、自分が選んだ道で成功するにはそれに準じたエネルギーが必要。原動力になる良質な食べ物を選ぶことで、なりたい自分に近づけるんですよね。ですから、皆さんには自分なりの幸せの価値観を持つことを大切にして頂きたいです。

<プロフィール>
伊是名カエ
沖縄県那覇市出身
学校、病院、企業の栄養士などを経て1991年にヘルスプランニングカエを設立。2015年に（一社）トータルウェルネスプロジェクト代表理事となる。拠点を那覇から読谷に移し、2016年4月末にNEWスタジオ『KAE project-カエプロジェクト-』としてオープン。健康と美容に関するプロの知識をベースに栄養指導やクッキングスクール、運動指導などを行っている。「健康な美は食事から。1人でも多くの人に身体によくてキレイになれる料理を届けたい」とテレビ、ラジオ、新聞などで幅広く、活躍中。

料理の基本

食材の切り方、処理などの下ごしらえの仕方で料理の仕上がりは変わってきます。このコーナーでは、基本的な料理の下ごしらえを紹介！

切り方編 よく使う切り方と方法、むいている素材や料理を紹介。

●むいている素材　●むいている料理

1 | 輪切り
切り口が円形になるように一定の厚さで切る。

- ●大根、にんじん、いも類、なす
- ●煮もの　揚げもの

2 | いちょう切り
イチョウの葉の形になるように切っていく。厚みは料理にあわせて。

- ●大根、にんじん、いも類
- ●炒めもの　煮もの　汁もの　漬けもの

3 | 乱切り
細長い材料を回しながら、切り口の真ん中のところを斜めに切る。

- ●大根、にんじん、ごぼう、きゅうり
- ●煮もの　汁もの

4 | 小口切り
細長い材料を端から薄く切る。材料をおさえる手の指に包丁を添わせる。

- ●きゅうり、長ねぎ
- ●酢のもの　あえもの　サラダ　薬味

5 | 短冊切り
使いたい長さに切ってから、繊維にそって幅1cm、厚さ1〜2mmの短冊状に切る。

- ●大根、にんじん、きゅうり
- ●汁もの　あえもの　酢のもの

6 | 拍子木切り
使いたい長さに切ってから、1cm角の細長い棒状に切る。

- ●大根、にんじん、きゅうり
- ●汁もの　あえもの　酢のもの　漬けもの

切り方編

●むいている素材　●むいている料理

7 | 面取り
野菜の角をおとし、煮くずれを防ぐ。面積が広くなり、味が浸透しやすい。

●大根、いも類、かぼちゃ
●煮もの

8 | 隠し包丁
片面に厚みの中ほどまで十字の包丁をいれ、味がしみこみやすく、食べやすくする。

●大根
●煮もの

9 | ざく切り
葉野菜を適当に大きめに切ること。ざくざくという音からこう呼ばれる。

●キャベツやほうれんそう、白菜
●炒めもの　煮もの　汁もの

10 | ひとくち大
ひとくちで食べられるくらいの大きさを指す。ぶつ切り、乱切りなど切り方は素材によって変える。

●大根、にんじん、いも類
●煮もの

11 | きゅうりの千切り

中華の千切り
使いたい長さに切ってから、薄切りにして重ねて端から切る。

和食の千切り
薄い斜め切りにし、重ねて端から切る。

中華用　　　和食用

右・和食用
濃い皮の緑がどの部分にも入る。
（色を重視）
左・中華用
色は分かれるがどの部分も同じ長さ。
（長さを重視）

処理編

1 | 白髪ねぎの作り方

5〜6cmの長さに切ったねぎの外側の部分に切りこみを入れて芯以外の白い部分を広げ、端から細く切っていく。切れたら水にさらす。

2 | にんにくをつぶす

まな板におき、包丁の背でつぶす。丸ごと炒めたり、漬けたりするときに香りが出やすい。

3 | たたく（きゅうり、ごぼうなど）

きゅうりをビニール袋に入れ、めん棒などでたたく。皮にひび割れを作ることで味がしみこみやすくなる。好みの調味料を入れて即席のあえものやつけものが完成。ビニール袋でやることでそのまま保存できる。

4 | キッチンばさみで切る

わけぎや青ねぎなど、少しだけ使いたいときはキッチンばさみを使う。赤唐辛子ははさみのほうが切りやすい。まな板を使わず直接鍋や器へ入れてもOK。

5 | 手でさく、ちぎる

エリンギやしめじなどのきのこ類は手でさく。包丁の金気があると香りが出にくくなる。豆腐も形を気にしないときはざっくりと手で割ったほうがおいしい。

6 | スプーンでちぎる

こんにゃくは、スプーンでくりぬくようにちぎると切り口ででこぼこして表面積が大きくなり、味がしみやすい。

食材を切る順番　野菜→こんにゃく類→香味野菜→魚、肉

においがつきにくく、汚れが少ない野菜から切る。次に水けのあるこんにゃく類、濡れふきんで包丁とまな板をふいたら、しょうが・にんにくなどの香味野菜を切る。最後に裏面で魚や肉を切る。

保存編

ピクルスの作り方

作り方
①.酢の量が2に対し1の砂糖を加え甘酢を作る。
②.お好みの野菜をカットし、煮沸消毒したビンに入れる。
③.②に①の甘酢を食材が完全に浸かるまで注ぐ。
　※ヒジキは乾物のまま甘酢に浸けてOKです。
　※ピクルスは冷蔵庫で1ヶ月〜2ヶ月保存可能。
　ピクルスの材料
　　お好みの食材‥‥‥適量
　　酢‥‥‥‥適量
　　砂糖‥‥酢の半量

冬瓜キューブの作り方

冬瓜を寝かせて、しっかり固定した状態で皮をカットします。

冬瓜を斜めに持ち、押しながらすりおろします。

流し入れ、冷凍庫で固めます。

ドライサクナの作り方

サクナの葉と茎部分の境目をカットします。

サクナをレンジ皿に並べ、加熱します。

サクナをビニール袋に入れ、握るようにして小さくなるまで砕きます。

下ごしらえ編

素材の下ごしらえのしかたを紹介。調理にとりかかる前に下ごしらえがきちんとすんでいると、でき上がりの味がアップする。

1 ヘチマの皮むき(こそげる)

包丁で皮の部分をそぐように削る。黄緑色の部分は取りすぎないよう注意。

2 トマトの湯むき

十字に切れ目を入れて熱湯に入れ、20秒くらいでひきあげて冷水につける。

3 タネやわたをとる

スプーンで中をくりぬくようにしてきれいにわたやタネを取り除く。

4 きゅうりの板ずり

全体に塩をふり、まな板の上で転がす。皮に傷がつき調味料が染みやすくなります。

5 乾物をもどす

乾物の量の3倍以上のたっぷりの水でもどす。もどし汁もそのまま使える。

6 豆腐の水切り

手で軽くおさえたり、皿で重しをしたりペーパータオルで包んだりする。

7 こんにゃくの下ゆで

そのまま使うと苦味やにおいが残るので、熱湯でさっと下ゆでしましょう。

8 油抜き

油あげはざるに入れ、熱湯をまわしかけることで、余分な油がとれる。

9 魚の臭み取り

魚に塩をして20分程度おいて余分な水分を出すことで臭みがとれる。

余分な脂がラップとポリ袋に張り付くウラ技

パターン1 茹でた豚肉がある程度冷めたら茹で汁にラップをぴったりと貼り付け冷蔵庫で一晩寝かせる。冷蔵庫から取り出しラップをはがす。

パターン2 茹でた豚肉が冷めたらポリ袋に入れ、冷蔵庫で冷やす。ハサミでポリ袋を切り、茹で汁と豚肉を取り出す。

はかる

料理になれるまでは調味料は正確に計って入れること。そのためには正しい計量ができることが大切。

基本の計量道具

まずは計量カップ、計量スプーンを揃えて。計量カップの1カップは200ml。大さじ1は15ml。小さじ1は5ml。

1合と1カップは違う

お米用の1合は1カップで180ml。料理での1カップは200ml。

粉をはかる（小さじの扱いも同様に）

大さじ1
山盛りにいったんすくってからへらなどで余分な粉を落として平らにし、すりきりにする。

大さじ1/2
大さじ1のすりきりからへらなどで半分を取り除く。

大さじ1/4
大さじ1/2からその半分を取り除く。

液体をはかる

大さじ1
あふれるぎりぎりの縁いっぱいまで入った状態。

大さじ1/2
計量スプーンの深さ2/3まで。底が丸いので多めに見えるがこれで正解。

手ばかり

ひとつまみ
親指、人差し指、中指の3本の指でつまむ。→約小さじ1/2

塩少々
親指と人差し指の2本の指でつまむ。→約小さじ1/4

食材の重さの目安

刻んだ野菜は片手いっぱいで約100g、中3本の指にのる魚の切り身は70〜80g、卵Lサイズは約60g、Mサイズは約50g。

しょうが、にんにくひとかけの目安

しょうがは約2cm、親指の先くらいの大きさ。にんにくはひとたまの分かれている1個分。どちらも約10g。

ゆでる

調理の下ごしらえに用いる「ゆでる」という作業。
意外と奥深いノウハウが隠されています。

水からゆでる
土の中にできる根菜やイモ類。
じゃがいも、だいこん、にんじん、ごぼうなど。

ゆでるときに

塩をいれるもの
青みのある野菜は塩を加えると色よくゆであがる。

酢をいれるもの
れんこん、カリフラワーなど。

米のとぎ汁でゆでるもの
大根、たけのこの下ゆでに。

お湯からゆでる
土の上にできる緑色の野菜は沸騰したお湯でゆでる。
ほうれんそうなど葉もの全般、ブロッコリーなど。

ゆでたあとに

水にさらす
ほうれんそうなど青みの葉野菜は酸性のものや加熱に弱い色素をもっているのですぐに冷水にとる。

ざるにあける
もやし、ブロッコリー、カリフラワーなど香りを残したいもの、厚みがある根菜は火が通りきる一歩手前でざるにあげ、余熱で火を通す。

電子レンジで下ごしらえ
耐熱皿におき、水分をふりかけて電子レンジで加熱すると鍋でゆでるより簡単。

貝のゆでかた

はまぐりは水から
殻が固く、しっかり閉じているので水からゆでる。

あさりやしじみはお湯から
火が通りやすいので加熱時間を短くすることでうまみ成分の汁をいかす。

沖縄自慢の島やさい

shima yasai!

知るともっとおいしくなる！

沖縄は日照にめぐまれ、栄養たっぷりの島やさいの宝庫。旬の時期は値段も安いので、食卓にどんどん取り入れたいですね。

チンクワー（島カボチャ）

ビタミンAが豊富。水分が多いのでスープや焼き野菜がオススメです。皮の色が濃く、重いものを選びましょう。

旬の時期／6月～10月

チデークニ（島ニンジン）

カロテンの含有量が高く、油と一緒に調理すると吸収率もUP。「チデークニ」は方言で黄色い大根を意味します。古くから風邪を引いた時には島ニンジンと豚レバーの煎じ汁（チムシンジ）を食していました。

旬の時期／11月～2月

パパヤー（野菜パパイヤ）

ビタミンCを多く含む食材で青果実は炒め物によく利用されますが、サラダなど生で調理すると体に滋養なパパイン酵素なども摂取できます。その他にも煮物や漬物、乾物などいろいろな調理方法がありますが、冷凍しても食感や味が損なわれにくいので常備しやすい優れモノです。

旬の時期／7月～9月

ンスナバー（ふだんそう）

ビタミン・葉酸・鉄分・食物繊維が豊富。大きな葉に肉厚の茎。アクが強いので下茹でしてから使いましょう。酢味噌和えや炒めものなどの料理方法があります。

旬の時期／1月～4月

サクナ（ぼたんぼうふう）

ビタミンC・カルシウムが豊富。昔から咳止めに良いと言われてきました。独特の苦みは山羊汁の臭い消しに。柔らかい葉は刻んで和え物に。またドライにしてスープのアクセントに利用できます。

旬の時期／通年

島ラッキョウ

アデノシンが多く血が固まるのを防ぐ働きがあります。炒めたり、浅漬けの料理の他、ペーストにして保存も可能。春先から初夏にかけて出回ります。

旬の時期／3月〜6月

グンボー（島ごぼう）

食物繊維、カリウムが豊富。新ごぼうが出回る時期には皮も意外と柔らかいのでアルミのスポンジで軽くこそぐ程度で下処理はしましょう。豚汁、きんぴらごぼう、煮つけが代表的料理ですが、細身のごぼうはグリルで焼いても美味しく食べられます。

旬の時期／通年

ゴーヤー（ニガウリ）

熱に壊れにくいV.Cを含む、油と相性がよく、苦味成分モモルデシンは胃腸粘膜保護や食欲増進効果がある。夏バテしやすい時期におススメ。

旬の時期／4月〜9月

カンダバー（かずら）

V.A、C、B1、B2、ポリフェノール、食物繊維を含む。芋の葉とは違い、葉野菜です。身近な健康野菜でもっと食べてもらいたい野菜です。

旬の時期／6月〜11月

にんにく葉

カルシウム、ビタミン、鉄分、ピリリ成分はアリイン。柔らかいものを選び、鮮度が落ちやすいので買ってきたら早めに使いましょう。

旬の時期／12月〜2月

ウンチェー（えんさい）

ビタミン・カルシウム・カロテン・鉄分を豊富に含んでいる夏野菜。茎も柔らかく独特の食感があり、根元近くまでほとんど利用できます。調理には炒め物が一般的ですが、和え物やお浸しなど幅広い料理方法があります。

旬の時期／5月〜9月

沖縄自慢の島やさい

タームジ（田芋の茎）

食物繊維・カルシウム・カリウムが豊富。繊維を取り除き、カットして水に浸けアク抜きが必要。沖縄の行事料理には欠かせない食材です。ムジ汁、ドゥルワカシー、が代表的な料理。

旬の時期／11月〜2月

ンム（紅いも）

でんぷん・ビタミン類・カリウム・カルシウム・食物繊維を多く含む。ほんのり甘く、ねっとりした食感で紅いもご飯、焼き芋、芋天ぷらやお菓子などの料理方法があります。

旬の時期／8月〜1月

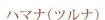

ハマナ（ツルナ）

海岸の砂地に自生。シュウ酸を含むので茹でてから使いましょう。お浸し、味噌汁、炒め物などの調理法があります。

旬の時期／5月〜10月

島ショウガ

辛み成分のジンゲロールとショウガオールが血行をよくし、冷え性改善にも役立っている。冬の寒い季節に生姜湯にしたり、汁物、炒め物に使用。また、甘酢漬けにして、常備菜としても利用できます。

旬の時期／12月〜5月

ビジュン（つるむらさき）

βカロテン、カルシウム、マグネシウム、鉄分、V.Cを含む。栄養価の高い緑黄色野菜。茹でても炒めても、汁物にも万能です。

旬の時期／6月〜10月

ンジャナー（にがな）

カロテンやカルシウムが含まれ、独特の強い苦みのある食材ですが、上手にアク抜きすることにより、用途が広がります。昔から、イカスミ汁に入れられていましたが和え物・炒め物・天ぷら・雑炊などの料理方法もあります。

旬の時期／12月〜5月

シブイ（冬瓜）

96％が水分でビタミンCを豊富に含んだ低カロリーな食材。汁物や煮物に適している。特に豚肉（ソーキ汁）との相性が良い。ミニサイズよりビックサイズがおススメです。切り分けて余った冬瓜はすりおろして小分けし冷凍保存に。

旬の時期／4月〜9月

アーサ

40％以上が食物繊維。カルシウム、ビタミンA、葉酸が豊富。汁物、卵料理などの調理法があります。

旬の時期／1月〜3月

チンヌク（里芋）

炭水化物、ビタミンB1、食物繊維、カリウムが豊富。チンヌクジューシー（里芋の炊き込みご飯）が代表的な沖縄料理。その他に、煮物、スープ、グラタン、炒め物などの調理法があります。

旬の時期／通年

県産人参

オレンジ色の色素がカロテンで、体内でビタミンAに変わります。カロテンは油との相性がよく一緒に調理すると、吸収率もアップ。人参シリシリーが沖縄の定番料理。煮物や炒め物などの調理法があります。

旬の時期／12月〜3月

ナスターチウム（金連花）

ビタミンC、鉄分が豊富。葉には抗菌作用もあります。ピリっとした風味があり、花はサラダに入れたり、葉はサンドイッチの具材として挟んだり蕾はピクルスとして利用できます。食べられるお花「エディブルフラワー」を添えたり、使うことで見た目にも鮮やかで、栄養素も摂取でき一石二鳥な食材です。

旬の時期／4月〜6月

出合い、新たな出発の時、
そして新しい環境が始まった方もいるかもしれませんね。
新しい日々がワクワクするように、
出合いがトキメキいっぱいになりますように。
心にいっぱいの栄養をたくわえる季節です。
新しい季節、自分自身を応援するスープたちです。

春のスープレシピ

1 ンスナバーのポタージュ

2 玄米入り
県産人参のスープ

3 春キャベツと
島ラッキョウのポタージュ

4 フレッシュスイート
コーンのポタージュ

5 ふわっとアーサ汁

6 パプリカのクリーム仕立て

7 ムジ汁

8 豆腐のあったか
豆乳スープ

Spring Soup

島野菜のオマージュ

SPRING SOUP RECIPE
【春スープレシピ】

ンスナバーのスープ

調理時間 **20**min 【121kcal（牛乳）・106kcal（豆乳）・82kcal（アーモンドミルク）／1人前】
（※粗熱をとる時間は含まず）

kae's voice　煮込み料理は時間が必要です。いろんなことを考えながら
コトコト煮込む。そんな時間が大好きです。

材料4人分

ンスナバー	1本(100g)
玉ねぎ	1/2個
A　チキンコンソメの素	1個
水	200cc
ご飯	60g
牛乳	300cc
塩	適宜
こしょう	適宜
油	大さじ1

使用食材

ンスナバー
「不断草－ふだんそう」とも言う。カルシウム、鉄分、食物繊維を多く含む。

作り方

① ンスナバーは葉と茎に分け、水洗いし、水気を切り、葉はざく切りし、茎は2cm長さに切っておく。玉ねぎは千切りする。
② 鍋に油を温め、玉ねぎをしんなりするまで炒めたら、ンスナバーを加え、さっと炒める。
③ ②にAを加え沸騰したら、フタをし弱火で5分程煮て火を止める。牛乳を加え粗熱がとれたらミキサーで、撹拌する。
④ ③を鍋に戻して温め、お好みで塩・こしょうをふる。

ンスナバーの葉は大きいので葉と茎に分けると洗いやすく切りやすい。

HEALTHY COLUMN

食物繊維がしっかりしている葉野菜はミキサーにかけると食べやすくなります。

きちんと食べる。
美を守るために

SPRING SOUP RECIPE
【春スープレシピ】

spring soup 2 玄米入り県産人参のスープ

調理時間 **20** min 【77kcal／1人前】
(※粗熱をとる時間含まず)

kae's voice　カルダモン、クミンなどのスパイスは香りと味に変化をつけます。香り高いカルダモンはスパイスの女王とも言われ、好きなスパイスの1つです。

材料4人分

県産人参	1本（100g）
玉ねぎ	1/2個
にんにく	1片
A　チキンコンソメの素	1個
水	500cc
玄米ご飯	60g
塩	ひとつまみ
カルダモン	適量
クミン	適量
塩	適量
こしょう	適宜
オリーブオイル	大さじ1

使用食材

県産人参
βカロテンを含んでいて、油で調理することで栄養の吸収が高まる。

作り方

① 人参・玉ねぎは薄切りにし、にんにくはみじん切りにする。
② 鍋にオリーブオイルとにんにくを入れ火にかける。香りが立ったら人参と玉ねぎを加え、炒める。
③ ②にAを加え沸騰したら、フタをし弱火で10分程煮て火を止める。粗熱がとれたらミキサーで撹拌する。
④ ③を鍋に戻して温め、味をみて塩加減を調整する。お好みでこしょうをふる。

にんにくは焦げやすいため、オリーブオイルとにんにくをフライパンに入れてから加熱を始める。

ミキサーで撹拌する時は具材が滑らかになるまで撹拌しよう。

HEALTHY COLUMN

スパイスやハーブを使うことで調理に深みが増します。減塩にもつながるので使い上手になってほしい調味料です。

生活にも、自分にも
花を添える

SPRING SOUP RECIPE
【春スープレシピ】

春キャベツと島ラッキョウのポタージュ

調理時間 30 min 【118kcal／1人前】

kae's voice　素材のうま味がはっきりわかるのは「旬」のものだからこそ。季節の味を確かめることは、本物を知ることでもあります。

材料4人分

春キャベツ	3枚(130g)
島ラッキョウ	50g
長芋	3cm
にんにく	1片
水	350cc
塩	小さじ1/2
白こしょう	適量
オリーブオイル	小さじ1
【飾り】	
キャベツ	適量
エディブルフラワー	適量

使用食材

島ラッキョウ
代謝を上げる成分があり、疲労回復にも役立つ。

春キャベツ＝柔らかく甘味がある。V.Cや食物繊維を含む。

作り方

❶ 春キャベツはざく切りする。島ラッキョウは粗みじん切りする。長芋は1cm角のサイコロ切りにして、にんにくはみじん切りする。

❷ 鍋にオリーブオイルとにんにくを入れ、火にかける。香りが立ったら島ラッキョウを加え、しんなりするまでじっくり炒める。残りの野菜を加えさらに炒め、水を加えて沸騰したらフタをし、弱火で10〜15分煮る。

❸ ②の粗熱がとれたらミキリーで撹拌し鍋に戻し温め、味をみて塩加減を調整する。

❹ 器に注ぎ、こしょうをふり入れ、キャベツとエディブルフラワーを飾る。

島ラッキョウをしんなりするまでじっくり炒めます。

HEALTHY COLUMN

ねばりのある食材でとろみをつける。
食材の特徴を知ることで、栄養アップ・カロリーダウン。

フレッシュスイートコーンのポタージュ

調理時間 **20**min（※粗熱をとる時間は含まず）
【182kcal（牛乳）・156kcal（豆乳）・117kcal（アーモンドミルク）／1人前】

kae's voice　「ちょっと疲れた」そんな気持ちになった時、甘みのある食材を使ってみて。
ほんのりとした甘みで、ホッと肩の力が抜けるといいな〜

SPRING SOUP RECIPE
【春スープレシピ】

材料4人分

- スイートコーン ・・・・・・・・・・・・ 1本
- A
  - 玉ねぎ・・・・・・・・・・・・・・・ 1/2個
  - 人参・・・・・・・・・・・・・・・・ 1/2本
- にんにく・・・・・・・・・・・・・・・・ 1片
- 塩 ・・・・・・・・・・・・・・・・・・・ 適量
- こしょう・・・・・・・・・・・・・・・・ 適量
- オリーブオイル ・・・・・・・・・・・ 小さじ2
- B
  - チキンコンソメの素 ・・・・・・・・ 1個
  - 牛乳 ・・・・・・・・・・・・・・・・ 500cc
  - ご飯・・・・・・・・・・・・・・・・ 30g
  - カルダモンパウダー ・・・・・・・・ 小さじ1/2
  - クミンパウダー ・・・・・・・・・・ 小さじ1/2

体と心をふわり優しく包む

使用食材

スイートコーン
皮付きで緑の濃いものを選びましょう。皮がむかれているものなら粒が柔らかいものを。

作り方

1. スイートコーンは包丁で実をこそげ落とし、飾り用で少し取っておく。
2. Aは薄切りし、にんにくはみじん切りする。
3. 鍋にオリーブオイルとにんにくを入れ火にかけ、香りが立ったらAを加え炒める。
4. ③にBと①を加え、沸騰したら弱火にしフタをして10分程煮る。
5. ④の粗熱がとれたらミキサーで撹拌し、裏ごしをして鍋に戻し、再び火にかけ味をみて、塩・こしょう加減を調整する。
6. 器に注ぎ、飾り用のコーンをのせる。

コーンを転がらないようにしっかり固定することで、実を大きくカットできます。

HEALTHY COLUMN

V.B1・B2・Eを含み、野菜の中ではカロリー高めのスイートコーン。
粉やバターを使わずに、ご飯でとろみをつけてヘルシーに仕上げています。

すぅ〜となめらかなのどごし
体にしみ込む美味しさ

spring soup 5

ふわっとアーサ汁

調理時間 **10** min 【33kcal／1人前】

kae's voice | 春が来た！アーサを見るとうららかな気持ちになります。
すりおろした冬瓜とふんわり溶きたまごとアーサの相性抜群です。

SPRING SOUP RECIPE
【春スープレシピ】

使用食材

アーサ
食物繊維、カルシウム、V.A、葉酸などを含む。
女性には嬉しい食材です。

材料4人分

乾燥アーサ	2g
冬瓜	100g
溶き卵	1個分
A [水	500cc
鶏がらスープの素	大さじ1
醤油]	小さじ1/2
[片栗粉	大さじ1/2
水]	大さじ1/2
塩	適量
こしょう	適量
ごま油	小さじ1/2

作り方

❶ アーサは水で戻す。冬瓜はすりおろす。
❷ 冬瓜とAを鍋に入れ火にかける。沸騰したらアクを取り、水溶き片栗粉を加え、トロミをつける。
❸ ②に溶き卵を穴じゃくしを通しながら流し、卵が糸を引くようにふわっと浮いてきたら火を止め、味をみて塩・こしょう加減を調整する。
❹ 仕上げにアーサとごま油を加え、香りをつける。

HEALTHY COLUMN

大きな冬瓜の方が、味や香りや汁が豊富だけど食べきれない。という方へすりおろして冷凍保存してみませんか？（下の写真参照）

冬瓜を寝かせて、しっかり固定した状態で皮をカットします。

冬瓜を斜めに持ち、押しながらすりおろします。

均等になるように流し入れます。

キラリ美肌女性を
目指して

SPRING SOUP RECIPE
【春スープレシピ】

パプリカのクリーム仕立て

調理時間 **35min** 【160kcal（牛乳）・152kcal（豆乳）・141kcal（アーモンドミルク）／1人前】
（※粗熱をとる時間は含まず）

kae's voice 「足りないものを補う」「目指すものを意識する」ちょっとの意識と努力が身体と気持ちに表れます。だから食べることを大切に。

材料4人分

パプリカ	1個（160g）
生姜	1片
バター	25g
A［牛乳	150cc
チキンコンソメの素	1個
水］	350cc
塩	適量
こしょう	適量
【飾り用】	
生クリーム	50cc
ナッツ（刻む）	適量
カラーピーマン	適宜
黒こしょう	適宜

使用食材

パプリカ
V.Cが豊富。特にオレンジと赤は多い。カロテンやポリフェノールを含む。

作り方

❶ パプリカは粗みじん切りする。生姜は皮をむき薄切りする。
❷ 鍋にバターとパプリカを入れ火にかけ、焦がさないように10分程炒める。
❸ ②にAと生姜を加え沸騰したら、弱火にしてフタをし10分程加熱する。
❹ ③の粗熱がとれたらミキサーで撹拌し再び鍋に戻し、弱火で5分程煮詰める。味をみて塩・こしょう加減を調整する。
❺ 器に④を注ぎ泡立てた生クリーム・ナッツを飾る。お好みで黒こしょうをふる。

❸とコンソメ、水、生姜を加えます。

HEALTHY COLUMN

脂は使い過ぎずに、抗酸化食材と合わせる。食物繊維もプラスする。組み合わせを考えて、美しく食べましょう^^

大まかに切り、更に細かく切っていきます。

ムジ汁

🕐 調理時間 **35**min 【139kcal／1人前】
(※豚三枚肉の茹でる時間は含まず)

kae's voice | 田芋・ムジの香りがすると沖縄の料理〜とにっこりしてしまいます。出荷時期を見逃さないで、季節を楽しみましょう。

受け継ぎたい味がある

SPRING SOUP RECIPE
【春スープレシピ】

材料4人分
- タームジ・・・・・・・・・・・・・・・・・・250g(1/2束)
- 豚三枚肉・・・・・・・・・・・・・・・・・・60g
- 島豆腐・・・・・・・・・・・・・・・・・・・1/8丁(125g)
- 豚・鰹だし・・・・・・・・・・・・・・・・各1カップ強
- 白味噌・・・・・・・・・・・・・・・・・・・50～60g

使用食材

タームジ
(田芋の茎)

カルシウム、カリウム、食物繊維を含む。素手で触るとかゆくなるので、手袋を使用して処理しましょう。

作り方

❶ タームジは繊維を取り3～4cm長さに切り、水につけてアク抜きをしてから茹でる。
豚三枚肉は丸ごと茹でて厚めの短冊切りにする。
❷ 島豆腐は手で食べやすい大きさに割る。
鍋にだし汁を入れて火にかけ、煮立ったら三枚肉、タームジを入れる。
❸ 再び煮立ったら、豆腐とだしで溶いた白味噌を加えて仕上げる。

タームジを茹でます。

豆腐は手でざっくりと割ることで表面積を大きくし、味を染み込みやすくします。

HEALTHY COLUMN

お味噌をしっかり入れたこってりの汁物。その分、だし汁が少なめ。
豚肉の脂はしっかりと丁寧に取り除きましょう。

うま味がギュッと。
栄養満点カラダにチャージ

SPRING SOUP RECIPE
【春スープレシピ】

spring soup 8 豆腐のあったか豆乳スープ

調理時間 30min 【247kcal／1人前】

kae's voice 沖縄の豆腐は、砕いた大豆を搾ってから煮る生搾り法。
島豆腐(沖縄の豆腐)は、沖縄の食文化を代表する食材の1つですね。

材料4人分

豚バラ肉	150g
島豆腐	1/8丁(125g)
島人参	1/4本(30g)
冬瓜又は大根	50g
長ネギ	1/2本(40g)
季節の葉野菜	1/4束
しょうがスライス	2枚
塩昆布	大さじ1/2
白みそ	40g
水	300cc
豆乳	300cc

使用食材

島豆腐
本土の豆腐より、水分が少ない分、カロリーと脂質は多い。必要量を食べるようにしましょう。

作り方

❶ 材料は、全て食べやすい大きさに切る。
❷ 鍋に水と白みそを入れ、沸騰したら豚バラ肉・島人参・冬瓜を入れて柔らかくなるまで煮る。
❸ ②に残りの材料を加えてさっと煮たら、豆乳を加えて沸騰直前で火を止める。

島人参を食べやすい大きさにカットします。

豆乳は加熱に弱く分離してしまうため、沸騰直前で火を止めます。

HEALTHY COLUMN

植物性たんぱく質と植物性脂質は、健康づくりに欠かせません。V.B1・B2・カルシウム、鉄分などを含む健康食品です。

スープの隠れた便利食材

ポタージュ系スープの牛乳を豆乳やアーモンドミルクに変えるだけで、栄養価も変わってきます。

スープに加える隠れた便利食品

200ml
134kcal

牛乳

牛乳はカルシウムが豊富でカルシウムは豆乳の8倍。9種のアミノ酸をバランスよく含みビタミンB2が豆乳の8倍。

200ml
92kcal

豆乳(無調整)

豆乳には大豆イソフラボン、ビタミンE、鉄分が豊富。カロリーが低くコレステロールを含まない。大豆イソフラボンが女性ホルモンの減少緩和、更年期障害の症状軽減や骨粗鬆症の予防に役立つと言われている。

200ml
30kcal

アーモンドミルク(無糖)

低カロリーでビタミンEが食品の中でナンバーワンと言われている。ビタミンEには老化を防いでくれる抗酸化作用がありアンチエイジング効果にも期待できる。
不溶性食物繊維が腸内環境を整えてくれる。

3種それぞれに優れた食品です。
不足分を補い合うかたちで選んで摂取していただけたらと思います。

ご飯やじゃがいもの でんぷんでとろみをつける

小麦粉を使わずに、残った冷やご飯や玄米ご飯でとろみをつけお腹にやさしいスープに仕上げました。新じゃがの季節にはじゃがいもでとろみつけると、ビタミンCも摂取できお肌にも◎

私の好きなスパイスたち

クミン
カレー特有の香りとほろ苦味と辛みがあるスパイス。苦味の強い野菜やクセのあるスープや食材に加えるとクミンの香りが広がりスパイスのきいたテイストに変化します。クミンシードは種子のこと。

コリアンダー
柑橘系の甘い香りで素材の臭みを和らげ、うまみを引き出すスパイス。肉・魚料理にも相性がよい。もちろんスープとも相性バッチリ。

シナモン
独特の香りと甘み、かすかな辛みがあるスパイス。洋菓子の香り付けやドリンク類の香り付けに使用。

カルダモン
世界で最も古いスパイスの1つ。インド料理には欠かせない。爽やかな強い香りを持ち、カレーやソース、ドレッシング、ケーキなど香り付けに使用。北欧やインドなど他国では食後の口臭にカルダモンホールを噛む風習があります。

五香粉（ウーシャンフェン）
エキゾチックな香りと甘味が特徴で中国の代表するミックススパイス。クローブ・シナモン・フェンネル・山椒・陳皮など、数種類をミックスしたもの。各家庭やメーカーによって違いがある。お肉の下味・炒めものなどに使用すれば本格的な中華風味の料理に変身。

夏のスープレシピ
Delicious Autumn soup

沖縄が一番光り輝く季節です。
日中の海は、キラキラブルーやエメラルドグリーンに輝き、
夕方は夕陽をあびてシャンパンゴールドに
姿を変えて私たちに感動をもたらします。
沖縄が好きという人は沢山います。
好きになるのに理由はいらないかもしれません。
でも、どこが好きか、なにが好きか、
考えたらもっと深くて素晴らしいことがあるかもしれません。
沖縄の夏の食材は、その答えを導いているかのように思えます。

夏のスープレシピ

1 オクラスープ

2 冬瓜スープ

3 中身の吸い物

4 桃色冷製ポタージュ

5 エキゾチックオキナワ

6 スイカとキウイフルーツの冷製スープ

7 花びらたけのアジアンスープ

Summer Soup

食物繊維は先に食べる

SUMMARY SOUP RECIPE
【夏スープレシピ】

オクラスープ

調理時間 **10** min 【20kcal／1人前】

kae's voice 食べ過ぎた日や、夜の集まりでごちそうが続いた時のお役立ちスープ。
食べ過ぎた日をリセットすることを習慣にしたいですね。

材料4人分

オクラ(塩少々) ………	5～6本
えのき ………………	1/2袋
モズク ………………	40g
水 …………………	500cc
チキンコンソメの素 ……	1個
塩・こしょう …………	適量
醤油 …………………	小さじ1/2
酒 …………………	大さじ1

使用食材

モズク
ヌルヌルはフコイダンという成分で、生活習慣病の予防や改善に効果がある。

作り方

❶ オクラは板ずりし、輪切りにする。
えのきは1cm長さに切る。
❷ モズクは洗ってざく切りする。
❸ 鍋に水、コンソメ、①を入れ火を通す。
調味料を入れて味を調える。
❹ 仕上げにモズクを入れる。

オクラをまな板に並べ、塩を振り、手のひらを動かして転がすようにするとうぶ毛がとれます。

板ずりの後はヘタ周りのガクをむき取ります。

HEALTHY COLUMN

ネバネバの食材は健康な体にするお掃除屋さん。
お通じを良くしたり、血糖値の急上昇を抑える働きもあります。

いつもあなたの傍にいるよ
　　　　　ぞうより

SUMMER SOUP RECIPE
【夏スープレシピ】

冬瓜スープ

調理時間 40min 【60kcal／1人前】

kae's voice
食材のひとつひとつに味があり、うま味があることがわかりますね。
「この食材には、この味とこの香りと、こんなうま味がある」って知らなきゃ損。

材料4人分

- 冬瓜 ・・・・・・・・・・・・・・・・・ 300g
- むき海老(塩・片栗粉少々) ・・・・ 8尾
- しめじ ・・・・・・・・・・・・・・・ 1/3パック
- A
  - 長ねぎ ・・・・・・・・・・・・・ 3cm(7g)
  - 生姜 ・・・・・・・・・・・・・・ 1片
  - 干しえび(水で戻す) ・・・・・・ 10g
- B
  - 鶏がらスープの素 ・・・・・・・ 小さじ1
  - 水 ・・・・・・・・・・・・・・・・ 500cc
  - 酒 ・・・・・・・・・・・・・・・・ 小さじ1
  - 塩 ・・・・・・・・・・・・・・・・ 小さじ1
- ごま油 ・・・・・・・・・・・・・・・ 小さじ1
- 片栗粉 ・・・・・・・・・・・・・・ 小さじ2
- 水 ・・・・・・・・・・・・・・・・・ 小さじ2

【飾り用】
- 青ねぎ(小口切り) ・・・・・・・・ 適量

作り方

1. 冬瓜は食べやすい大きさに切り、むき海老は背ワタを取り、塩と片栗粉で洗い、臭みを取る。しめじは手で裂いておく。
2. Aはみじん切りにする。
3. 鍋でごま油を温め、Aを炒め香りが立ったら、①を加え炒め、Bを入れ沸騰したらアクを取り、フタをして15分程煮る。水溶き片栗粉でとろみをつけ器に注ぎ青ねぎを散らす。

海老の背に切れ込みを入れ、背ワタを爪楊枝にかけ、引っ張るようにして取り除きます。

しめじは食べやすい大きさに手でパフパフにほぐします。

使用食材

冬瓜
水分が多いので、柔らかくてのど越しなめらか。
水分、カリウムを含むので、汗をかくこの時期にピッタリです。

HEALTHY COLUMN

香味野菜をかくし味にしてみましょう。優しくて深い味に。余計な塩分、糖分もいりません。

手間と時間が伝える
おもてなし

中身の吸い物

🕐 調理時間 **80min**【121kcal／1人前】

kae's voice | 沖縄料理を代表する1品。手間も時間もかかりますが、それだけ味の深さと作る人の想いが伝わります。手抜きせずきちんと受け継ぎたいと思います。

SUMMER SOUP RECIPE
【夏スープレシピ】

HEALTHY COLUMN
しっかり、丁寧に洗ってから料理をします。下処理がとっても大事。さらに油で炒めて、湯洗いする。手間をかける意味を確かめて。

使用食材

中身
ビタミン、亜鉛や鉄分などを含む。コレステロールは多めなので、食べる量は考えましょう。

作り方

❶ 中身は水でぬらしてたっぷりの小麦粉でもみ洗いを2～3回繰り返し、すべすべになるまでよく洗い、長さ5～6cm、幅8mm～1cmの短冊切りにする。
❷ 鍋で油を温め、①を炒め、湯洗いする。
❸ 別の鍋に②とたっぷりの水を入れて煮立て、茹で汁が濁ったら茹でこぼしを何回も行い、中身が手でちぎれるようになるまで茹でる。
❹ 水で戻した椎茸は中身と同じ長さに切る。
❺ 鍋に分量のだし汁を煮立て、③と④を入れ、塩と醤油で味を調えて10分程弱火で静かに煮て味を浸透させる。
❻ 器に中身汁を注ぎ、ヒハチ又は卸し生姜を添える。

中身を軽く水で濡らし、たっぷりの小麦粉で揉み込むことで、くさみを取り除きます。

中身の内側に付いた小麦粉もしっかりと洗い落とします。

材料4人分

中身(豚の大腸・小腸・胃)	240g
小麦粉	適量
油	大さじ4
水	適量
乾燥椎茸	2～3枚
豚だし・鰹だし	各250cc
塩	小さじ1強
醤油	適量
ヒハチ又は卸し生姜	適量

細胞がキラキラ輝きだす

SUMMER SOUP RECIPE
【夏スープレシピ】

桃色冷製ポタージュ

調理時間 **10**min 【110kcal（牛乳）・106kcal（豆乳）・99kcal（アーモンドミルク）／1人前】

kae's voice
美肌づくりを考えたらこのスープが出来ました。
休日のブランチにいかがですか？今日もステキな日になりますように。

材料4人分

A
- ドラゴンフルーツ(赤) ……… 100g
- パプリカ(赤) …………… 1/8個（20g）
- 玉ねぎ ……………… 1/8個（25g）

B
- 好みのハーブ類 …………… 適量
- おろしにんにく …………… 小さじ1/2
- ご飯 ………………… 30g
- アーモンドミルク ………… 75〜80cc
- 塩 …………………… ひとつまみ

- オリーブオイル …………… 小さじ1
- ワインビネガー …………… 大さじ1/2
- 塩 …………………… 適宜

【飾り】
- ドライフルーツ（オレンジスライス） 4枚
- 生クリーム ………………… 適量
- 粒こしょう ………………… 適量

作り方

1. Aは適当な大きさに切る。
2. Bと①をミキサーに入れ撹拌する。
3. オリーブオイルとワインビネガーを加え、さらに撹拌し、味をみて塩加減を調整し、冷蔵庫で2〜3時間冷やす。
4. ③を器に注ぎ、ドライフルーツ、8分立てした生クリーム、粒こしょうを飾る。

HEALTHY COLUMN

ドラゴンフルーツとパプリカのポリフェノール、玉ねぎの硫化アリル。健康と美容と、元気のためにこの2つの栄養素を合わせたかった。

使用食材

ドラゴンフルーツ

ドラゴンフルーツ＝トロピカルフルーツの代表格。カリウムとマグネシウムが豊富で、ポリフェノール、食物繊維、V.B群など含む。

スープにとろみを出すため、ご飯を入れます。

塩をひとつまみ入れます。ひとつまみとは、親指、人差し指、中指の三本でつまんだ量が目安となります。

オキナワ＋アジアが微笑んだ

SUMMER SOUP RECIPE
【夏スープレシピ】

エキゾチックオキナワ

調理時間 70min 【141kcal／1人前】
（※一晩の寝かし時間含みます）

kae's voice
味も香りも個性的な、沖縄の食材とアジアンハーブ。どちらも大好き！
個性的なので付き合い方を考えなきゃいけないのは、料理も同じね ^^

材料4人分

豚肉	280g
ゴーヤー	1/2本(100g)
冬瓜	180g
トマト	1/2個
オクラorうりずん豆	4本
水	750cc
A　酒	大さじ1
塩	小さじ1
レモングラス	適量
プチトマト	8個
シークヮーサー果汁	2個分

使用食材

ゴーヤー
熱に壊れにくいV.Cを含む、油と相性がよく、苦味成分モモルデシンは胃腸粘膜保護や食欲増進効果がある。夏バテやすい時期におススメ。

作り方

❶ ゴーヤーと冬瓜は種を取り除き、食べやすい大きさに切る。トマトはざく切りする。うりずん豆は、食べやすい大きさに切る。

❷ 鍋に豚肉と分量の水を入れ火にかける。沸騰したらアクを取り、Aとゴーヤーを加え弱火にし30分煮て冬瓜とトマトを加え、フタをし更に30分煮る。粗熱が取れたら、水面にラップを張って、冷蔵庫でひと晩寝かし余分な脂を取り除く。

❸ ②の豚肉を取り出し食べやすい大きさに切り分け、再び鍋に戻し入れ火にかける。うりずん豆とプチトマトを加え、ひと煮立ったら火を止め、シークヮーサー果汁を加え仕上げる。レモングラスを取りのぞき、器に注ぐ。

ゴーヤーをスプーンで押さえるようにして中綿を取り除いていきます。

シークヮーサーを半分にカットし、ぎゅっと押し出すようにして絞ります。

HEALTHY COLUMN

ゴーヤーも先に入れること！いつもは豚肉を先に茹で、脂を取り…材料も調味料も一緒に入れて、冷蔵庫で寝かして脂を取る。よりヘルシーに食べたいと考えてみました。

いつもと違うことも
やってみる

SUMMER SOUP RECIPE
【夏スープレシピ】

summer soup 14 スイカとキウイフルーツの冷製スープ

調理時間 **10min** 【56kcal／1人前】

kae's voice　毎日気がついたら同じことの繰り返し。って思ったら、違うこともやってみましょう。今までと違うことに出会えるかもしれません。

材料4人分

A
- キウイフルーツ……………2個
- パイン缶………………… 1切れ
- パインシロップ ………… 大さじ2〜
- スイカ …………………… 100g
- 水 ………………………… 1/4カップ

【飾り】
- 季節の柑橘類……………… 8切れ
- キウイフルーツ…………… 適量
- パイン …………………… 適量
- スイカ …………………… 適量

使用食材

スイカ
沖縄フルーツの代表。カリウム、βカロテン、リコピンを含む。夏の暑さで疲れた体に効果的です。

作り方

❶ キウイは皮をむき、スイカは種を取り適当な大きさに切る。パインも同様に切る。Aをミキサーに入れて撹拌し、冷蔵庫で冷やす。
❷ 柑橘は房から出す。飾り用のフルーツは小さめに切っておく。
❸ 器に冷えた①を注ぎ、②とフルーツを飾る。

オレンジの中央部分に切れ込みを入れ、皮を剥きやすくします。

HEALTHY COLUMN

生ものがたくさんある時に冷凍保存もあり。汗をかいた時、時間がない朝とかに役に立ちます。

ゆらゆらふわふわ
のんびりと

SUMMER SOUP RECIPE
【夏スープレシピ】

summer soup 15 花びらたけのアジアンスープ
調理時間 **10**min 【18kcal／1人前】

kae's voice　「なんて可愛いキノコなの〜」食べる前からテンションが上がります。人も料理も、中身だけでなく見た目も大切ですね〜

材料4人分

- 花びらたけ …………………… 25g
- えのき ………………………… 1/4袋
- ザーサイ ……………………… 40g
- Ⓐ 鶏がらスープの素 ………… 大さじ1
-    水 ………………………… 500cc
- シークァーサー果汁 ………… 大さじ1
- お好みのアジアンハーブ …… 適量

使用食材

花びらたけ
低カロリー、食物繊維が豊富、V.Dを含む。それらに加え、βグルカゴンという栄養素は免疫力を高める。

作り方

❶ 花びらたけを水で戻し、一口大にちぎっておく。えのきとザーサイは食べやすい大きさに切る。
❷ 鍋にAと①を入れ火にかけ、火を通し、シークヮーサー果汁を加える。
❸ 器にアジアンハーブを入れ、②のスープを注ぐ。

仕上げに花びらだけをのせると立体的になりGood!

花びらたけは一口サイズに手でざっくりとちぎります。

パクチーを先に入れ、スープを注ぐことで香りが全体に引き立ちます。

HEALTHY COLUMN

沖縄でもたくさんのきのこ類が生産されて嬉しいですね。
味よし、香りよし、美容によし、健康によし！

> 生産者のお人柄も魅力です 1

こだわりの食材を求めて -魚介類編-

お野菜は○○さん、お魚は○○さん、という風に食材ごとに
信頼をおく生産者の方とお付き合いしています。
このコーナーでは鮮魚に関することでお世話になっている前田晃さんをご紹介。

みなさんご存知でしたか?沖縄はマグロの漁獲量が全国で上位であることを。美しいサンゴに囲まれた栄養豊富な沖縄の海。魚介類も野菜類と一緒で栄養豊富だろうな〜と美味しい想像が膨らみます。が!消費量はすごく少ない。つまりあまり食べられていないということです。目の前にこんなに体にいいものがあるのにもったいないと思いませんか?山のものと違う、同じたんぱく質の肉やたまごとも違う栄養素を持った海産物は、血液中の中性脂肪や悪玉コレステロールを減らし、善玉コレステロールを増やす働きや、脳の神経機能を高めて、脳の老化を予防する効果もあります。また記憶力や学習能力の向上に役立つなど小さい子供からお年寄りまで積極的に摂取したい栄養素です。

体にいいとわかったら、思いきって使ってみる。いつもと違う食材を使ってみたり、違う味つけにしたり、違う組み合わせにしたり、いつもと違うことをすることも脳にいい刺激になるそうです。脳はともかく、ワクワクした気分が味わえるのではないでしょうか?

料理だって、食事だって、生活にだって、新陳代謝は必要です。美しいもの、価値のある身近なものにもっと目を向けると、キラキラした豊かな新しい扉を開くことができるかもしれません。

海のように心広くて、大きくて、穏やかで、かつ豪快で、そんなうちなー海人(うみんちゅ)の皆さんが大好きです。多くの方に応援していただきたいです。

<取材協力>
読谷村漁業協同組合 海人食堂

秋のスープレシピ
Delicious Autumn soup

あなたの秋は、どんな秋ですか？
「食欲の秋」を選んだあなた。
これまでと違った食欲の秋にしてみませんか？
たとえば、切り方を変えてみる。組み合わせを考える。
使ったことのない食材や調味料にチャレンジしてみるとか。
脳は刺激をうけ、心がワクワクして、身体にいい刺激。
この季節は、冬に向かって免疫力を高めるのにいい食材たちが登場します。
いつも元気でいるためにちゃんと食べることが基本です。

秋のスープレシピ

1 チンヌクポタージュ

2 島南瓜のポタージュ

3 ごぼうのスープ

4 きのこと生姜の
ぽかぽか豆乳スープ

5 つるむらさきの
クリームスープ

6 栗と紅芋のスープ

7 紅芋と島野菜の汁仕立て

8 カンダバーの
ポタージュスープ

9 魚汁

Autumn Soup

ホクホクポタポタコリコリ
食感って楽しい

チンヌクポタージュ

summer soup 16

🕐 調理時間 20min 【64kcal／1人前】

kae's voice　ほどよくつぶして1つの食材で2つの食感、落花生もアクセントにして3つの違う食感を楽しみましょう。食感を意識してお料理していますか？

材料4人分

チンヌク	………………………	300g
A ┌ 長ねぎ	………………………	10cm（20g）
├ コンソメの素	…………………	1個
└ 水	…………………………	500cc
塩	………………………………	適量
【飾り】		
落花生	…………………………	適量

作り方

❶ チンヌクは皮をむき、1cm程の厚さに切って耐熱皿に置く。軽くラップをかけ柔らかくなるまで電子レンジで加熱する。
粗熱がとれたら、フォークで粗くつぶす。長ねぎはみじん切りにする。

❷ 鍋にAを入れて火にかけ、沸騰したらチンヌクを入れてフタをし弱火で10分程煮て味をみて塩加減を調整する。

❸ ②を器に注ぎ、刻んだ落花生を飾る。

使用食材

チンヌク
里芋。カリウム、食物繊維、鉄分などを含む。その他、ムチンは、滋養強壮や胃腸、肝臓を強化する栄養素。

軽くラップをかけ、チンヌクをレンジで温めます。

ある程度熱が取れたら、フォークで荒くつぶします。

HEALTHY COLUMN

疲れを感じた時、気分がのらない時、体の芯から温めてみる。レンジでチンして軽くつぶすひと技で、体に優しくしみ込みます。

元気な色、
優しい味に包まれて

HEALTHY COLUMN

島南瓜は水分があるのでスープに向いています。他にトースターやグリルで作る焼き野菜にするとヘルシーですね。

AUTUMN SOUP RECIPE【秋スープレシピ】

島南瓜のポタージュ

調理時間 **20min** 【127kcal（牛乳）・117kcal（豆乳）・78kcal（アーモンドミルク）／1人前】

kae's voice
手作りのドライサクナと、クルトンも作って、スープに浮かべてみましょう。いつものカボチャのポタージュスープが、ちょっとグレードアップです。

材料4人分

島南瓜	1/6個（180g）
人参	1/5個（40g）
玉ねぎ	1/2個
A ご飯	30g
クミンシード	小さじ1/2
チキンコンソメの素	1個
水	200cc
豆乳	200cc
油	小さじ2
塩	適宜
【飾り】	
ドライサクナのクルトン	適量

使用食材

島南瓜
βカロテン、V.B1、V.Cを含む。皮の色が濃く、ずっしりしたものを選びましょう。

作り方

1. 島南瓜と人参、玉ねぎは皮をむき、薄切りする。
2. 鍋で油とクミンシードを温め、玉ねぎを炒める。玉ねぎがしんなりしたら、残りの野菜とAを加え、フタをし10分程加熱する。
3. ②に豆乳を加え、粗熱が取れたらミキサーで撹拌し、鍋に戻し入れ温める。
味をみて塩を入れる。器に注ぎ、サクナクルトンを散らす。

＜ドライサクナのクルトン＞
サイコロ状に切った食パンをフライパンに入れ火にかける。フライパンをゆすりながらオリーブオイルとドライサクナをふりかけながら熱していきます。

ドライサクナの作り方

サクナの葉と茎部分の境目をカットします。

サクナをレンジ皿に並べ、加熱します。

サクナをビニール袋に入れ、握るようにして小さくなるまで砕きます。

旬を感じて、大地の恵みを
いただきます

AUTUMN SOUP RECIPE【秋スープレシピ】

ごぼうのスープ

調理時間 **20min** 【176kcal（牛乳）・166kcal（豆乳）・150kcal（アーモンドミルク）／1人前】

kae's voice　ごぼうをペーストにしてみる。炒めたり、煮たりした時とはまた違った香りと味わいが楽しめます。旬のごぼうは何とも言えないいい香りです。

材料4人分

島ごぼう(酢・少々)	1本
じゃがいも	1個
玉ねぎ	1/2個
オリーブオイル	大さじ1
バター	10g
水	1カップ
牛乳	1カップ
鶏がらスープの素	大さじ1
塩	適量
こしょう	適量
生クリーム	大さじ2
【飾り】	
焼き玉ねぎ	4枚

使用食材

ごぼう
食物繊維には、水溶性と不溶性がありますが、ごぼうはどちらも含む。血糖値の改善や、整腸作用があります。

作り方

❶ 島ごぼうは皮をむき、斜めに薄切りし酢水につける。耐熱容器に入れ、水をふりかけ、レンジで5分加熱する。
❷ じゃがいも、玉ねぎは角切りにする。
❸ 鍋でオリーブオイルを温め、②を炒め、玉ねぎがしんなりしたらバターを加える。
❹ ミキサーに水1カップと①、③を入れ、撹拌する。
❺ ④を再び鍋に戻し、牛乳・鶏がらスープの素を加え温め、味をみて塩・こしょう加減を調整する。仕上げに生クリームを加え、オリーブオイルで両面焼きした玉ねぎをのせる。

ごぼうを食べやすい大きさにカットします。

アクを抜くため、カットしたごぼうを酢水に浸します。

HEALTHY COLUMN

飾りに「焼き野菜」を使うことで、野菜がとれることはもちろんですが、色や形や味や食感など、料理に広がりが出ます。

おいしい・しあわせ・大満足！

AUTUMN SOUP RECIPE 【秋スープレシピ】

19 きのこと生姜のぽかぽか豆乳スープ

調理時間 20min 【73kcal（牛乳）・60kcal（豆乳）・41kcal（アーモンドミルク）／1人前】

kae's voice
いろんな種類のきのこが入っているから、栄養も味もうま味も凝縮☆
きのこは沖縄でどんどん生産されてきています。みんなで応援しましょ〜^^

材料4人分

しめじ	1/3パック
まいたけ	1/3パック
えのき	1/3パック
乾燥きくらげ	10g
玉ねぎ	1/4個
生姜	1片
A 水	250cc
豆乳	250cc
鶏がらスープの素	小さじ1
塩	適量
こしょう	適量
油	小さじ1
【飾り】	
青ねぎ	適量

使用食材

きのこ類
種類によって栄養に違いがあります。ビタミン・ミネラルが豊富。食物繊維には、水溶性と不溶性がありますが、どちらも含んでいる。

作り方

❶ きのこ類と、水で戻したきくらげは食べやすい大きさに切る。玉ねぎは薄切りにする。生姜はみじん切りにし、青ねぎは小口切りにする。

❷ 鍋に油と生姜、玉ねぎを入れ火にかけ、香りが立ったらきのこ類を加え、しんなりするまで炒める。

❸ ②にAを加え、沸騰させないように弱火で2分加熱し、味をみて塩・こしょう加減を調整する。

❹ 器に盛り、青ねぎをのせる。

石づきを切り落とし、食べやすい大きさに手で割きます。

HEALTHY COLUMN

石づきにも栄養がたっぷりなので、捨てるところは最小限にして使いましょう。カサが減るエノキはうま味が豊富。まいたけやしめじ、エリンギはボリュームアップにも。

つるむらさきのクリームスープ

調理時間 **20**min 【161kcal（牛乳）・135kcal（豆乳）・96kcal（アーモンドミルク）／1人前】
※粗熱をとる時間を含みます

kae's voice　「沖縄の野菜は匂いが苦手」という方がいます。そんな時に好きなスパイスやハーブを合わせてみてはいかがでしょうか。好みの香りがあるといいですね。

AUTUMN SOUP RECIPE 【秋スープレシピ】

材料4人分

- つるむらさき ‥‥‥‥‥‥ 100g
- 玉ねぎ ‥‥‥‥‥‥‥‥ 1/2個
- にんにく ‥‥‥‥‥‥‥ 1片
- オリーブオイル ‥‥‥‥‥ 大さじ1
- 塩 ‥‥‥‥‥‥‥‥‥ 適量
- こしょう ‥‥‥‥‥‥‥ 適宜

A
- チキンコンソメの素 ‥‥‥‥ 1個
- 牛乳 ‥‥‥‥‥‥‥‥ 500cc
- ご飯 ‥‥‥‥‥‥‥‥ 60g
- カルダモンパウダー ‥‥‥‥ 適量
- クミンパウダー ‥‥‥‥‥ 適量

【飾り】菊花 ‥‥‥‥‥‥ 適量

身体は食べたもので作られる

使用食材

つるむらさき
βカロテン、カルシウム、マグネシウム、鉄分、V.Cを含む。栄養価の高い緑黄色野菜。茹でても炒めても、汁物にも万能です。

作り方

1. つるむらさきは洗っておく。
2. 玉ねぎは薄切りにし、にんにくはみじん切りにする。
3. 鍋にオリーブオイル、にんにくを入れ火にかけ、香りが立ったら玉ねぎを加え炒め、玉ねぎがしんなりしたら、つるむらさきも加え炒める。
4. ③にAを加え、弱火でフタをし10分程煮る。粗熱がとれたらミキサーで撹拌し鍋に戻して温め、味をみて塩加減を調整する。
5. ④を器に注ぎ菊花を散らす。お好みでこしょうをふる。

つるむらさきをしんなりするまで炒めます。

沸騰したら、ご飯を入れます。

HEALTHY COLUMN

匂いが苦手という方へ、まず茹でるとかサッと炒めるとか焼くとか、熱を入れてから料理してみましょう。ご飯でとろみをつけると失敗なし。

ともに笑い、ともに喜び、
ともに食べる

AUTUMN SOUP RECIPE【秋スープレシピ】

栗と紅芋のスープ

調理時間 **35**min 【180kcal（牛乳）・161kcal（豆乳）・134kcal（アーモンドミルク）／1人前】

kae's voice ｜ 大好きな人と、大切な人と、同じものを食べて、同じ時間を過ごす。とてもステキなことですね。そんな時にお役に立てると嬉しいです。

材料4人分

紅芋	150g
玉ねぎ	1/4個
バター	5g
砂糖	ひとつまみ
水	200cc〜
牛乳	300cc
チキンコンソメの素	1個
塩	適量
こしょう	適量
むき栗	50g
水	50cc
牛乳	1/4カップ
塩	適量
こしょう	適量
【飾り】	
生クリーム	適量
紅芋チップス	適量
豆苗の新芽	適量

作り方

❶ 紅芋は皮をむき、1cm角切りにして水にさらす。玉ねぎは薄切りする。
❷ 鍋でバターを温め、①と砂糖・ひたひたの水を加え、強火にかける。沸騰したら弱火にして、紅芋が柔らかくなるまで10分程煮る。
❸ ②に牛乳とチキンコンソメを加えミキサーで撹拌する。
❹ ③を鍋に戻し温め、味をみて塩・こしょう加減を調整する。
❺ 別の鍋にむき栗とひたひたの水を加え、火にかけむき栗が柔らかくなるまで、10分程煮る。
❻ ⑤に牛乳を加えフードプロセッサーで撹拌する。※
❼ ⑥を鍋に戻し温め、味をみて塩・こしょう加減を調整する。
❽ ④を器に盛り、中央に⑦と、生クリーム、紅芋チップス、豆苗をのせ仕上げる。
※量が少量のため、ミニフードプロセッサーを使用しています。

紅芋を水にさらします。こうすることで、アクがとれると同時に色持ちが良くなります。

使用食材

紅芋
ポリフェノール、V.A、V.C、カリウムを含む。冷蔵保存はせず、新聞紙などで包み、直射日光を避け、常温保存。

食環境は健康に大きく影響すると思います。栄養だけでなく、カロリーばかり気にしてることのないように楽しい食卓を。

忙しさの中の
リセットタイム

AUTUMN SOUP RECIPE【秋スープレシピ】

紅芋と島野菜の汁仕立て

調理時間 **15**min【56kcal／1人前】

kae's voice 今週、身体にいいものをどのくらい食べましたか？簡単な食事が続いた日々、忙しくて栄養不足になっていませんか？・・・自分を大切にしてますか？

材料4人分

- 紅芋 ……………………… 小1本
- 旬の島野菜 ……………… 20枚
- だし汁 …………………… 500cc
- 塩 ………………………… 小さじ1/2
- 薄口醤油 ………………… 小さじ1弱

作り方

1. 紅芋は洗って、皮付きのまま1cmの輪切りにし、水にさらした後、下茹でする。
2. 島野菜はさっと茹でておく。
3. 鍋にだし汁、①を入れ火にかけ煮立ったら塩・薄口醤油で味を調える。
4. ③を器に入れ、島野菜を添える。

使用食材

ウンチェー

ウンチェー（ようさい）＝カルシウム、鉄分、V.A、B1、B2、Cを含む。茎も柔らかい部分は使いましょう。

紅芋を輪切りにします。

水を沸騰させ、島野菜をさっと茹でます。

HEALTHY COLUMN

栄養補給を考える時、時間をかけるだけでなくこういう視点もあります。シンプルなものはいつでも抵抗がありません。大切なことはムリをしないこと。

沖縄の宝もの「島ヤサイ」

AUTUMN SOUP RECIPE【秋スープレシピ】

カンダバーのポタージュスープ

調理時間 **20min** 【108kcal（牛乳）・92kcal（豆乳）・69kcal（アーモンドミルク）／1人前】
（粗熱を取る時間含まず）

kae's voice　カンダバーは島ヤサイのキング☆☆☆私の中でのランキング。
栄養豊富で、健康にも元気にも美容にも有難いお野菜です。

材料4人分

カンダバー	60g
玉ねぎ	1/2個
A ┌ チキンコンソメの素	1個
├ 水	200cc
└ ご飯	30g
牛乳	300cc
塩	適宜
こしょう	適宜
油	小さじ2
【飾り】	
焼きヘチマ	4枚

使用食材

カンダバー

カンダバー(かずら)=V.A、C、B1、B2、ポリフェノール、食物繊維を含む。芋の葉とは違い、葉野菜です。身近な健康野菜でもっと食べてもらいたい野菜です。

作り方

❶ カンダバーの葉は水洗いし、水気を切っておく。
　玉ねぎは千切りする。
❷ 鍋に油を温め、玉ねぎをしんなりするまで炒めたら、
　カンダバーを加え、さっと炒める。
　Aを加えて5分程煮たら火を止め、牛乳を入れ粗熱をとる。
❸ ②をミキサーに入れ、撹拌する。
❹ ③を鍋に戻し温め、お好みで塩・こしょうをする。
❺ 器に④を入れ、焼きヘチマを飾る。

玉ねぎにカンダバーを加え、さっと炒めます。

ヘチマは皮をむき、輪切りか半月切りにし、油を温めたフライパンで焼き色が付くまで両面焼きする。

HEALTHY COLUMN

ミキサーにかけてペーストにすることで、炒めて食べるよりもたくさん食べることができます。牛乳を豆乳やアーモンドミルクに変えてもよし。

魚汁

summer soup 24

⏱ 調理時間 **15**min 【398kcal／1人前】

kae's voice | 魚介類の摂取がとても少ない沖縄県民。他のたんぱく質にはない成分があります。美しい海に囲まれた沖縄。海の恵みをもっと感じましょう。

AUTUMN SOUP RECIPE【秋スープレシピ】

材料4人分

- A｛ 白身魚　丸ごと ……… 800g
- 　 塩 ……………… 小さじ1/2
- 水 …………………… 800cc
- 酒 …………………… 適量
- 醤油 ………………… 適量
- 塩 …………………… 適量
- しろ菜 ……………… 1/2束
- 青ねぎ ……………… 3本

頭脳もボディもスマートに

HEALTHY COLUMN

骨ごと煮込むことで天然のうま味がたっぷり味わえます。と同時に減塩にもつながります。

使用食材

白身魚

良質のたんぱく質、脂質を含む。赤身の魚に比べると脂肪が少ないので、胃腸に負担が少ないです。

作り方

❶ 白身魚のあらは大きくぶつ切りにしてひと塩し、身をひきしめておく。
❷ しろ菜は食べやすい大きさに切る。ねぎは4cm長さに切る。
❸ 鍋に分量の水と①を入れ、火にかけて煮立て、アクを取り弱火にし、酒・醤油・塩を入れ5〜10分程煮る。
❹ 最後にしろ菜と青ねぎを入れ火を止める。
※好みで味噌仕立てにしてもよい。

白身魚に塩をふたつまみ振り、身を引き締めます。

弱火で煮ながら、出てきたアクを取り除きます。

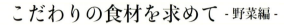

> 生産者のお人柄も魅力です 2

こだわりの食材を求めて -野菜編-

お野菜は○○さん、お魚は○○さん、という風に食材ごとに
信頼をおく生産者の方とお付き合いしています。
今回はハーブや島野菜に関することでお世話になっている
岸本洋子さんの畑へおじゃましました。

手間と愛情をたっぷりかけないと
ここまでの美味しさに育ちませんよね

岸本ファーム

約20年前の開業以来、農薬・化学肥料を一切使用せずにハーブと島野菜を自然栽培。その美味しさで県内ホテルをはじめ和洋中のジャンルを問わず、多くのシェフから熱烈な支持を得ています。

■岸本ファーム
090-5940-8084
http://kishimoto-farm.com

伊是名「岸本さんとの出会いは10年以上前になりますね。あの頃は無農薬や島野菜なんか全然注目されていなくって」
岸本「そうでしたね。今は若い料理人の方からの注文もすごく多いんですよ。みんな、食への関心がすごく高まってるんだなと感じています」

伊是名「岸本さんのハーブは、安心安全というのはもちろんですが、手間と愛情をたっぷりかけないと、ここまでの美味しさに育ちませんよね」
岸本「農薬を使うと味も香りもとんでしまう。自然栽培だからこそできる味なんですよね」
伊是名「これからも強い信念を持った生産者の方と常に一緒に歩み寄りながら、現場と情報交換をしていけたらと思っています」
岸本「私も長寿県復活へ向けた活動に賛同します。ハーブや島野菜の美味しい食べ方をもっと知って頂いて家庭で食べてもらえると嬉しいです」

\ Let's Vegetable /
今、いきたい野菜屋さん。

私オススメのこだわりのお店。
それぞれにいい食材が
揃ってます。

沖縄薬草ワールド ハッピーモア市場

「父が30年近く前からトマトのハウス栽培をしていた一角を改装して2008年にオープンさせた直売所です」と語る代表の多和田真彦さん。

地域のコミュニティの場になればと、オープン時には10名ほどの個人農家さんの野菜を仕入れて販売していましたが、農家同士のつながりや常連さんの口コミを通じて、現在では取引先が県内外に800カ所を超えるほどに。卸売市場を通さないので常設の特定品種がなく、その日その時にしか出会えない一品が多く揃います。『小規模農家さん中心の採れたて野菜』。これが安心・安全な野菜に対するお客さんのニーズをつかみ、遠方から週に何度も通ってくれる方が多いそう。

元気な沖縄の野草・薬草を世界にむけて発信していくのが目標です。

今しか出会えない
旬の野菜が
目白押し

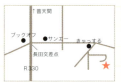

☎098-896-0657
住／宜野湾市志真志1-247-1
営／10:00～18:00
休／日曜
P／あり
https://www.facebook.com/
happykeiko024

自然栽培田芋 サンキューファーム

琉 球石灰岩の台地の恵みの良質な硬水を使って栽培されるターンム畑が広がる宜野湾市の大山地区。サンキューファームでは、化学肥料や農薬を一切使わず、微生物など自然と大地のパワーを取り入れた原始的な農法が特徴です。「ターンムは沖縄の家庭料理に無くてはならないソウルフード」と語る大山田芋生産組合員の宮城優代表が理想とするのは、子どもの頃に駆けまわった水田で見たタウナギやスッポン、フナなどが生息する環境。地道に手間ひまかけてつくり上げる自慢の田芋は粘り気があってミネラル豊富な昔からの味。こだわり味を求めて地元の店舗だけでなく、遠く県外からの問い合わせが後を絶たない。

☎070-5538-8965
住／宜野湾市大山5-34
P／あり
http://taimo39farm.ti-da.net/

大地のパワーが育む元気なターンムが自慢

有機農産物 ぱるず

季 節によって異なる色とりどりの緑黄色野菜が並ぶぱるずさん。オーナーの諸喜田徹さんが有機農法で育つ野菜を求めて、全国各地の農家へ足を運んで直接取り寄せる元気畑の元気野菜を取り揃えています。「実際にお会いして、お互いの信頼関係の元で取引をさせて頂いています」と話すように、品質の確かな野菜を求めて店内は絶えずお客がひっきりなし。野菜だけでなく、身近な自然食品や発酵食品なども魅力。美味しくて体に良いものへのこだわりを感じるお店です。

☎098-895-7746
住／中城村北上原309
営／9:30～19:00(平日)
　　10:00～19:00(日曜祝祭日)
休／第1・第3月曜日
P／あり
http://www.pals-1.com/

全国から集まるこだわりの旬野菜の数々

Delicious Autumn soup

海に囲まれた島は、栄養豊富な海の幸、
山の幸はもちろん、遠く海外との交流により
独特の食文化を育んできました。
海と大地と太陽の恵みをたっぷりいただきましょう。
未来のあなたが今よりももっと素敵に過ごせるように。

冬のスープレシピ

1 冬の島野菜と牛すじの味噌仕立て

2 ゆし豆腐とにんにく葉のホットスープ

3 メカジキの粕汁

4 島人参のカプチーノ仕立て

5 島野菜ほっこりスープ

6 イナムドゥチ

7 白菜と帆立の豆乳スープ

Winter Soup

もっちり、
うるおい抱く肌へ

WINTER SOUP RECIPE【冬スープレシピ】

winter soup 25 冬の島野菜と牛すじの味噌仕立て

調理時間 **60**min【119kcal／1人前】

kae's voice　乾燥が心配なこの季節。お肌にたんぱく質は欠かせません。ハードルが高そうな牛すじ料理ですが、この料理なら大丈夫。

材料4人分

A ┬ 牛すじ ……………………… 200g
　└ スライス生姜 ……………… 1片分
島大根 ………………………… 180g
県産人参 ……………………… 1/3本
にんにく葉 …………………… 2本
こんにゃく …………………… 1/4枚
スライス生姜 ………………… 1片分
だし汁 ………………………… 500cc
酒 ……………………………… 大さじ1
味噌 …………………………… 50g
一味唐辛子 …………………… 適量

◦ 使用食材 ◦

牛すじ
高たんぱくで低脂肪、V.B、K、コラーゲンを含む。ダシもあるので、スープ以外にカレーなど煮込み料理に使うとよい。

作り方

❶ 牛すじは食べやすい大きさに切る。鍋に水と牛すじ・生姜を入れ、沸騰したらアクを取り、中火にして30分程煮て茹でこぼす。
❷ 大根と人参はいちょう切りする。こんにゃくは食べやすい大きさに切り、さっと茹でておく。
❸ にんにく葉は3cm長さに切る。
❹ 鍋にだし汁と酒を入れ、①・②・生姜を入れ弱火で煮る。大根が透き通ってきたら味噌を溶き入れ、落とし蓋をし15分程煮る。途中でにんにく葉を入れ仕上げる。器に盛り、唐辛子をふる。

人参と大根をそれぞれいちょう切りします。

にんにく葉を3cmサイズにカットします。

HEALTHY COLUMN

動物性のお肉は、余分な脂をしっかり取ること。これもまた美肌の作り方。じっくりコトコト煮込んで、根菜類と生姜、にんにく葉でポカポカです。

ゆし豆腐とにんにく葉のホットスープ

調理時間 **20**min 【182kcal／1人前】

kae's voice　体が温まっていると、身体はちゃんと動き、それぞれの働きをします。心も元気になります。冷えを感じた時には、身体が温まるお食事を心がけて。

WINTER SOUP RECIPE 【冬スープレシピ】

○ 使用食材 ○

にんにく葉

カルシウム、ビタミン、鉄分、ピリリ成分はアリイン。柔らかいものを選び、鮮度が落ちやすいので買ってきたら早めに使いましょう。

作り方

❶ ゆし豆腐は水気を切る。砂出ししたあさりは殻をこすり合わせ洗う。
❷ えのきとにんにく葉は食べやすい長さに切る。豚肉は食べやすい大きさに切り、ごま油を温めたフライパンで豚肉を両面焼く。
❸ 鍋にA・①・②を入れ火にかける。あさりの口が開いたら味をみて塩加減を調整する。

あさりの殻同士を手でこすり合わせるようにして洗い、凹凸の部分に入り込んだほこりなどを取り除きます。

元気な人は 好印象

材料4人分

ゆし豆腐（500ｇ入り）		1パック
あさり		8個
えのき		1/2袋
にんにく葉		4本
A	豚肉	100ｇ
	ごま油	小さじ1
	水	400cc
	ごま油	小さじ1
	コチュジャン	小さじ2
	粉唐辛子	小さじ1
	長ねぎのみじん切り	3cm分
	砂糖	小さじ1
	おろしにんにく	小さじ1
	鶏がらスープの素	小さじ2
	醤油	大さじ1/2
	酒	小さじ2
塩		適宜

ごま油を温めたフライパンで豚肉を焼いて、余分な脂を落とします。

HEALTHY COLUMN

豆腐と貝類は良質のたんぱく質。貝類は低カロリーで微量栄養素を含んでいます。女性に必要な食材です。

winter soup 27 メカジキの粕汁

調理時間 **25**min 【113kcal／1人前】

kae's voice

酒粕は、日本酒を作るときに残る固形物です。たくさんの栄養が詰まっています。古くからあるものと、新しいものと、どちらも大切にしていきたいですね。

材料4人分

メカジキ	70g×2切れ
大根	4cm(120g)
島人参	1/2本
こんにゃく	1/3枚
島野菜	1/4束
だし汁	450cc
Ⓐ 酒粕	50g
味噌	大さじ1
みりん	小さじ1

作り方

1. メカジキは一口大に切る。大根・島人参は一口大の乱切りにする。こんにゃくは、スプーンで一口大に切り分け、水から茹でる。
2. 島野菜は3cmの長さに切る。
3. 鍋に出し汁と①を入れ、火にかける。沸騰したらアクを取り、フタをし中火で火を通す。
4. ③にAを溶き入れ、島野菜を加え、ひと煮立ちさせ、火を止める。

○ 使用食材 ○

メカジキ

たんぱく質、DHA、V.D、カリウムを含む。うまみ成分の、グルタミン酸を豊富に含む。

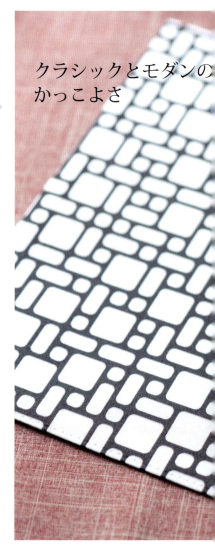

クラシックとモダンのかっこよさ

HEALTHY COLUMN

メカジキは、沖縄の水産物の中で漁獲量がトップクラス。栄養豊富な海からの贈り物です。

WINTER SOUP RECIPE【冬スープレシピ】

メカジキを一口サイズにカットします。

こんにゃくをスプーンでざっくりとちぎります。表面積が大きくなり味が染み込みやすくなります。

WINTER SOUP RECIPE【冬スープレシピ】

winter soup 28 島人参のカプチーノ仕立て

調理時間 **25**min【96kcal／1人前】
(粗熱を取る時間含まず)

kae's voice | 温めた牛乳を泡立てるだけで、ふわっふわ白い雲のような泡ができます。ちょっとしたことを心がけてみると、いつも笑顔でいられそうです。

材料4人分

島人参	2/3本
玉ねぎ	1/2個
オリーブオイル	大さじ1
A ┌ 水	300cc
│ コンソメの素	1個
└ オレガノ	小さじ1/2
塩	適量
こしょう	適量
牛乳	適量
【飾り】	
ドライサクナ	適量
ナッツ	適量

○ 使用食材 ○

島人参
βカロテン、カロテンを含む。爽やかな香りと優しい色。
葉にも栄養があるので柔らかい部分は使いましょう。

作り方

1. 島人参と玉ねぎは薄切りにする。
2. 鍋でオリーブオイルを温め、①を炒め、火が通ったらAを加え、さらに、10分煮込む。
3. ②の粗熱が取れたらミキサーで撹拌し、鍋で戻して温め、味をみて塩・こしょう加減を調整する。
4. 牛乳を沸騰しない程度に温め、ハンドミキサーで泡立てる。
5. ③を器に注ぎ、④の泡を注ぎ入れる。ドライサクナと刻んだナッツをのせ、仕上げる。

鍋でオリーブオイルを温め、島人参と玉ねぎを炒めます。

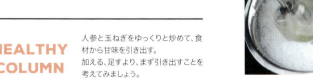
牛乳をハンドミキサーで泡立てます。

HEALTHY COLUMN

人参と玉ねぎをゆっくりと炒めて、食材から甘味を引き出す。
加える、足すより、まず引き出すことを考えてみましょう。

みんなを元気に
地産地消

WINTER SOUP RECIPE 【冬スープレシピ】

winter soup 29 島野菜ほっこりスープ

調理時間 30min 【117kcal／1人前】

kae's voice　身近な食材で美味しいものが毎日食べられたら、元気にならないわけがない。地産地消は栄養だけの話ではないんです。

材料4人分

生姜（みじん切り）	小さじ1強
A ┌ 島人参	1/2本
├ 島ごぼう	1/2本
├ 大根	100g
├ しめじ	1/2袋
└ 豚肉	80g
酒	小さじ1
だし汁	700cc
味噌	50g
つるむらさき	4枚
油	小さじ1

○ 使用食材 ○

生姜

独特の香り成分シネオールには抗酸化作用があり、辛み成分にはジンゲロール、ショーガオールには体を温める働きがあるほか、血の巡りを良くする働きがあります。特に冷えやすい女性にはうれしい食材です。

作り方

1. 鍋に油と生姜を入れ火にかけ、生姜の香りが立ったら、食べやすい大きさに切ったAと酒を入れて炒める。
2. ①にだし汁を加えアクを取り、フタをする。
3. ②に火が通ったら味噌とつるむらさきを入れて仕上げる。

島人参、島ごぼう、大根、しめじ、豚肉と酒を入れて炒めます。

火を止めてから味噌を溶き入れることで、味噌の風味が増します。

HEALTHY COLUMN

香味野菜を先に炒めたり、調味料としてお酒を使ったり、アクセントをつける。だし汁はたくさん使わない。減塩したい方はお試しください。

静かな時間
受け継ぎたい味

WINTER SOUP RECIPE【冬スープレシピ】

イナムドゥチ

winter soup 30

⏱ 調理時間 **80min**【113kcal／1人前】

kae's voice | 具材は少ないですが、ひとつひとつ厚さや長さを丁寧に切りそろえます。先人のおもてなしの心が感じられる時、静かな時間が流れます。

材料4人分

- 豚肉・・・・・・・・・・・・・・・・・・・ 60g
- 乾燥椎茸 ・・・・・・・・・・・・・ 2枚
- 板こんにゃく・・・・・・・・・・・・・・ 100g
- カステラかまぼこ ・・・・・・・・・・・・ 60g
- 豚だし・鰹だし ・・・・・・・・・・・ 2カップ
- 白味噌（甘口）・・・・・・・・・・ 40〜60g

作り方

❶ 豚肉は下茹でして短冊切りにする。乾燥椎茸は水に戻して薄切りし、こんにゃくは短冊切りして水から茹でる。カステラかまぼこも同様に切る。
❷ 鍋にだし汁を入れて火にかけ、豚肉と椎茸を入れて煮立て、こんにゃくを加える。
❸ 再び煮立て、カステラかまぼこと白味噌を加えて仕上げる。

○ 使用食材 ○

豚肉
たんぱく質、V.B１、B2、鉄分など含む。必須アミノ酸を含み、疲労回復に役立つ。

豚肉の余分な脂や臭味を取り除くために下茹でします。

薄くカットすることで、味が染みこみやすく、見た目も口当たりも違います。

HEALTHY COLUMN

沖縄料理には、欠かせない。脂が多い部位を使用する時は、しっかり脂とアクを取り除きましょう。

おいしいが
シアワセだと伝えたい

WINTER SOUP RECIPE【冬スープレシピ】

winter soup 31 白菜と帆立の豆乳スープ

調理時間 30min【70kcal／1人前】

kae's voice
複数のうま味が混ざり合って、心から美味しい〜って思えます。
その美味しさに出合ったら、自然に微笑んでいるものです。

材料4人分

- A
  - 白菜 ………………… 2枚
  - 人参 ………………… 1/4本
  - 乾燥椎茸 …………… 2枚
- 生姜 …………………… 1片
- B
  - 帆立缶 ……………… 1缶
  - 水 …………………… 200cc
  - 鶏がらスープの素 … 小さじ1/2
- 豆乳 …………………… 200cc
- 塩 ……………………… ひとつまみ
- こしょう ……………… 適量
- ごま油 ………………… 小さじ2

◎使用食材◎

白菜
カルシウム、カリウムを含む。水分が多い野菜。
うま味を上手に利用しましょう。

作り方

1. 白菜はそぎ切りにする。人参は5mm角切りする。椎茸は水で戻し千切りする。生姜はみじん切りする。
2. 鍋にごま油と生姜を入れ火にかけ、生姜の香りが立ったらAを加え炒める。
3. 白菜がしんなりしたらBを加え、沸騰するまで強火にし、フタをして弱火で10分程煮込む。
4. ③に豆乳を加え弱火で温め、味をみて塩・こしょう加減を調整する。

厚みのある白菜の芯は、味を染み込みやすくするために削ぎ切りにします。

しんなりするまで炒めましょう。

HEALTHY COLUMN

白菜の甘みと、帆立缶は汁ごと、椎茸のうま味、豆乳、ごま油は相乗効果大。
帆立は、疲労回復のタウリンやリラックス効果のグリシンが含まれます。

使いやすさには理由がある。
調理道具の選び方。

毎日使う調理道具。外見もこだわりたいものですが
選び方の基準は何といっても使い勝手がよく、
手入れがしやすいこと。ちょっとした差で調理がぐんと楽になります。

シリコンハケ
シリコンハケは卵液やオイルを塗ったり使い勝手がよく何といってもお手入れが簡単でオススメ。

ピーラー
刃先の幅によって使い分ける。幅が狭いものは薄く、広いものは厚くむける。

キッチンタイマー
かわいいキッチンタイマーだとテンションもアップしますね。こちらのアヒルちゃんはタイマー、ヒヨコちゃんはクリップになっていてレシピを挟んだりできます。

なみなみカッター
こんにゃくや野菜などをカットします。切り方ひとつで食材の表情が変わり楽しくなります。また味もしみ込みやすく一石二鳥な道具。

ゴムベラ
(下)耐熱用のものは丈夫でゴム部分が劣化しないが高価。(上)冷たいもののときは格安なもので十分。冷たいもの専用、熱いもの専用と分けて使う。

キッチンバサミ
まな板を使わずボウルの中でそのまま食材をカットしたり、ローストチキンをカットしたり万能器具。

計量スプーン
料理を美味しく仕上げるための必須アイテム。大さじ、小さじはぜひ揃えてほしいアイテム。

スクイザー
大小2個のドーム付でフルーツの大きさに合わせて交換できる優れもの。

ザル
100均のザル。100均とは思えぬ毎日使えるアイテム。

ゴーヤーワタ取りスプーン
長年愛用しているゴーヤーワタ取り専用スプーン。

フライパン
ある程度厚みのあるもののほうが、煮る、揚げるなど幾通りにも使える。また大小あると家族の人数に合わせ使い分けができ、油の量も抑えることができる。

水切ボウル
オクソーのサラダスピナー。使いやすくしっかり水切りしてくれるので野菜がいつまでも新鮮に保たれます。

鍋
ステンレスのお鍋。丈夫で劣化しにくい。目盛がついていて、お鍋で計量できる。またガラス製のフタだとフタを開けずに中の様子が見えて便利。

KAE project

伊是名カエによる沖縄県の「健康長寿復活・県産食材の消費拡大」を目的とした
『健康改革＆地産地消の連携プロジェクト』

『食』を通して、沖縄を元気に健康に。

　2016年4月末に読谷から始動した『カエプロジェクト』。那覇から拠点を移し、これまでの健康予防の活動をより深く、より広げていくため、NEWスタジオをOPEN。6つのプロジェクトを軸に、医療・企業・生産者・消費者と連携し健康改革を推進していきます。世代と分野を越えた新たな活動として、これからもっとリアルに。もっと丁寧に。そして今よりももっと進化していきます。

一般社団法人
トータルウエルネスプロジェクトオキナワ
☎098-989-9530
住／読谷村大湾356
　　シナジースクエア2F
営／10:00～18:00
休／月曜
http://twpo.jp/
【カエプロジェクト】で検索！

1 料理教室

　数種類のクラスから、自分に合った料理テーマが選べます。料理の基本を学べる《初・中級クラス》、沖縄の食材を活かす《沖縄の食クラス》、子ども達に食の大切さを伝える《食育クラス》《子どもクラブクラス》、働き盛りの男性は《メンズクラス》、医療食を学び実践する《メディカルクラス》、各種イベントも開催します。ヘルシー&オシャレな料理が楽しく学べ美味しい料理が堪能できます。

2 県産食材推進

　県産食材を活用したレシピ&商品開発、PR活動や講演を行います。生産者と密にコミュニケーションを取り、料理教室や、レシピ&商品開発にも、地元の食材をできる限り使います。県産食材を推進する行政・企業・団体様とも連携し、地産地消の普及活動に取り組みます。

3 運動教室

　ストレッチ・有酸素運動・筋骨強化を行い、健康な身体づくりの考え方を学び実践していきます。通常はスタジオでの開催ですが、イベント時には自然の中で身体を動かす企画も開催します。

4 健康指導

　病院では症状に合った栄養・食事指導、無理のない運動を指導します。企業・団体様には、病気を予防する健康な身体づくりの重要性、日常生活での実践方法を伝え、沖縄型健康経営のサポートをしていきます。

5 健康分野人材育成

　知識を蓄える《学科》、たおやかな心と身のこなしを磨く《ワークショップ》、体験・体感・共有する《実践》の3つのプログラムを通し、自分自身と向き合いながら沖縄のこと、健康のこと、身体のこと、食のことをより深く学べます。力強く、知的に生きる力を身につけて、『元気な沖縄』をテーマに共に考えていきます。

6 食農教育 -がんじゅう隊-

　若い世代を中心とした異業種コミュニテイから始まった『がんじゅう隊』。体験型の食農教育を実践し、沖縄の歴史・伝統文化を学ぶ、食の生産現場を体験する、野外で料理を作る、自然と触れ合い感性を磨くなどの活動を行う。一般向けの企画も開催し、食と農の大切さを伝えていきます。

生徒の声を紹介

当スクールを選んだ動機・理由

- 沖縄の食材を使った健康食を学びたかった。
- 島野菜を活かした調理法を学びたかった。
- 沖縄料理を習いたかった。
- 入院中に栄養士さんに勧められた。
- 先生から習いたかった。
- 校外学習がある。

当スクールに通って感じたことや変化

- バランスを考えて食事をするようになった。
- 家族の為に体にいい色々なものを食べさせたいと思った。
- 油や調味料の使用が減った。
- 鍋選び、火加減、料理と化学の関係を知ることができた。
- 食材選びが楽しく料理が好きになった。
- 体調が良くなった。(お通じ・虚弱体質改善)
- 使ったことのない島野菜を知り価格よりも県産・国産のものを選ぶようになった。
- 身体は食べ物でできているとあらためて実感した。
- 食事の大切さがわかった。そして食は愛情なのではないかと思った。
- 生産者の気持ちを考えるようになった。
- 塩分・糖分・脂をかなり意識するようになった。
- 仕事一筋でしたが他の事にも取り組むようになって楽しい。
- ハーブ・香辛料の使い方がわかった。
- マナーを教えて頂いたので日常的に気をつけるようになった。
- たくさんの方と出会いステキな仲間が増え、楽しい場所。

毎年恒例のクリスマスパーティーイベント。1年のフィナーレを飾ります。

校外授業の一環としてモズクの収穫体験を行いました。収穫体験前にみんなでゴミ拾い。

生徒から伊是名カエへ

正直こんなにも長くスクールに通うとは思ってませんでした。先生から栄養のこと・料理の技術・作法・色々学ぶことができ充実した日々を過ごすことができました。こんなにも居心地の良いスクールは他にないと思います。

先生の話しが楽しく面白い。私の元気の源です。

料理をはじめ、マナーや旅行の話しなど沢山のことを学びました。

ヘルシー料理だけど美味しくおしゃれでいい事だらけの料理学校に参加でき、とても幸せ。先生からの学びは私の宝です。

先生の考え方や強い想いが私の人生の中でとてもプラスになりました。

先生の人柄や考え方バイタリティーあふれる行動力！すべて大好きです。

仕事だけの生活から先生との出会いで有意義な時間を過ごせるようになりました。私のまわりにも正しい食事・適度な運動を広め沖縄の長寿復活に貢献したいと思います。

食に対する意識と知識、食する人を思い料理をつくる。ことを学びました。沖縄を想う強い眼差しに感動を受けました。

日々の料理作りに生かせるヒントをたくさん頂きました。

本土出身ですが、島野菜の使い方や食べ方を知り、とても身近なものになりました。

先生に会うたびパワーと元気をもらってます。

時々見せるお茶目な表情がとても大好き。

先生の授業は毎日の生活に潤いの補給でした。

毎日の食事だからこそしっかりと向き合い意識することの大切さ痛感しました。授業を終え帰宅する際「今日もここに来れて良かった」と思う素敵な場所でした。先生から学べたことが幸せで誇りに思います。私の学びと癒しの場でした。ありがとうございました。

美味しい、簡単
管理栄養士 伊是名カエの
okinawa soup
RecipeBook

STAFF

【料理】　伊是名カエ
【ディレクター・デザイン】　真喜志雄也
【撮影】　大湾朝太郎
【スタイリング】　オフィスリゾム
【ライター】　福本理恵・名嘉山博
【アシスタント】　玉寄文子・上原かおり・菊池和登

【スペシャルサンクス】
新垣利香・伊集裕子・大城智里・神山美由紀・平良香菜子・
長嶺愛香・名城智咲・吉田都子

いつも沢山の方々に支えていただき、応援を受け、
励まされていることに、心から深く感謝申し上げます。
皆さんがいつも笑顔あふれる日々を
過ごされていることを願っています。
伊是名カエ

伊是名カエのokinawa soup recipe book

発行日／2016年7月30日　第1版発行
著作者／伊是名カエ
発行者／大城　孝
発行所／編集工房 東洋企画
〒901-0305 沖縄県糸満市西崎町4-21-5
電話／098-995-4444　FAX 098-995-4448
[URL] http://www.toyo-plan.co.jp/
印　刷／株式会社 東洋企画印刷
製　本／沖縄製本 株式会社

©2016　Toyo Plan Printed in Japan
※無断複写・複製・転載を禁じます。
※乱丁・落丁の場合は、お取り替えいたします。